¡Sssssshhhhhhhhhh!

Haz del teatro algo íntimo

Llévalo siempre en el bolsillo

Cubierta y diseño editorial: Éride, Diseño Gráfico
Dirección editorial: ángel jiménez
Imagen de cubierta: Moisés Fernández

Primera edición: octubre, 2025

Un viaje sin retorno
© Alex Gadea
© VdB, 2025
Espronceda, 5
28003 Madrid

VdB

ISBN: 979-13-87644-50-5
Depósito Legal: M-21637-2025
Diseño y preimpresión: Éride, Diseño Gráfico

Este libro protege el entorno

un viaje sin retorno

Alex Gadea
(Alcira, Valencia, 1983)

Alejandro Gadea García-Rojo es actor. Inició su formación en la ESAC de Valencia y la continuó en la Escuela de Interpretación de Cristina Rota. Tiene un amplio recorrido en teatro, televisión y cine.

En ficción televisiva ha protagonizado series como *L´Alquería Blanca*, *El secreto de Puente Viejo*, *Ciega a citas*, *Seis hermanas* o *Historias de Alcafrán*. También ha participado en *1992* de Álex de la Iglesia, *Sin huellas*, *Toy boy*, *Tiempos de guerra*, *Instinto*, *Las hijas de la criada* o *La que se avecina*.

En teatro ha estado entre otros montajes en *Los justos* de Albert Camus, *Cyrano de Bergerac* de Edmon Rostand, *Mariana Pineda* de García Lorca, *El médico de su honra* de Calderón de la Barca o *La Regenta* de Alas Clarín. Ha trabajado con directores como Ernesto Caballero, Javier Hernández Simón, Alberto Castrillo o Helena Pimenta.

En cine ha trabajado en peliculas como *Nena* de Gabi Ochoa, en *La Viuda Negra* dirigida por Carlos Sedes o *La Mala Madre* de Alicia Albares.

En este proyecto personal *Un viaje sin retorno*, Alex Gadea se embarca en la producción y en la autoría de este honesto texto teatral, cargado de sensibilidad, comedia y dramatismo.

ALEX GADEA

un viaje sin retorno

Esta función se estrenó en el Teatro Salón Cervantes de Alcalá de Henares, el 17 de octubre del 2025, interpretada por Alex Gadea (FEDERICO) y Ana Ruiz (CHELITO).

Dirección: Ernesto Caballero.

Personajes

FEDERICO

CHELITO

ACTO I
Escena 0

En un lateral del escenario se ilumina un pequeño tocador de camerino. Vemos a una mujer retocándose frente a un espejo. Se escuchan interferencias de un transistor...

VOZ   (*Voz en off.*) En directo, desde los estudios de Prado del Rey, su último lanzamiento...

(*Vuelven las interferencias en las ondas.*)

Oscuro.

Escena 1
Federico

De las interferencias de radio pasamos al sonido ambiente de una estación de tren. Vemos a FEDERICO abordo de un tren mirando por la ventana.

FEDERICO   Dejé mi hogar. Todo lo que conocía hasta ese momento. Me fui. Los campos de arroz de la albufera se quedaron pequeños. En Sevilla, en un lugar llamado El Puntal, aguardaban cientos de paisanos que habían llegado allí unos años antes en busca de El Dorado, «El dorado del arroz». Los valencianos allí cotizabamos al alza, sabíamos sembrarlo, cosecharlo, y lo más importante, teníamos trato de favor por parte del señorito. Así que no hubo opción, con diecisiete años yo era el mayor de cuatro hermanos y en mi casa había hambre. Prácticamente con lo puesto y con un ejemplar de «Vientos del pueblo», de Miguel Hernández, llegué a mi nuevo destino. *(Se escucha el sonido de un tren parando y abriendo sus puerta. FEDERICO baja con un hatillo, ha llegado a El Puntal.)* Aquello no era como yo me había imaginado, ni como me lo habían contado. El Puntal era un paraje inhóspito, no había nada. Un barrizal donde solo veías agua hasta donde perdías la vista. En un almacén propiedad del cacique del pueblo, nos acomodaron a los recién llegados. Allí apiñados, separaban unas familias de otras mediante unos tabiques hechos a base de sacos. Como yo iba solo y no era de los que iba a comprar tierra, me tocó compartir pieza con otro impar, otro «come ratas» de segunda... Aunque, ¡quién me iba a decir que ese compañero circustancial iba a cambiar el curso de mi destino! No sucedió de inmediato, antes pasaron veintidós largos meses en aquel humedal. Mosquitos, fiebres, paludismo, miseria... Solo había un consuelo, trabajo. Al menos para «*els valencians*», para el resto, canarios, extremeños, fugitivos de guerra que llegaban escondiéndose desde cualquier parte y sobretodo para los andaluces, fue un infierno. Eran directamente mano de obra esclava, trabajaban por un plato de comida. Esto provocó violencia entre nosotros. Los andaluces no podían vernos. Nos separaba la lengua, la virgen, y principalmente nos separaba el ojo del señorito. Mientras a mis paisanos les dio facilidades para comprar tierras, a los andaluces los señaló como incapaces y vagos, y eso abrió un herida que tardó mucho en cerrar. Lo último que me dijo mi madre fue: «*Fill, tindrás la teua terra no hauras de treballarla pa ningú*». ¡Cuánta razón tenía pero cuanto se equivocó! Tomás, el compañero de pieza con el que compartía frío y ronquidos, quería ser torero. Ese era el motivo por el que vivía. Y además tenía clara una cosa, por san Miguel había una feria en Cazalla de la Sierra y esa era su oportunidad. ¿La mía? Acompañarlo, salir de ese páramo unos días, distraerme... Eso creía yo. Lo que no sabía cuando dejé atrás las marismas del Guadalquivir, era que jamás volvería a aquel lugar.

Escena 2
La feria

Una mujer en un puesto de mercado canta. La gente arremolinada a su alrededor escucha atentamente y aplaude calurosamente después de su intervención. Es CHELITO.

CHELITO   ¡Gracias! ¡Muchas gracias! Muy amables ¡Ea! Pues ya que estamos, aprovecho para decirles que tengo el pollo más rico de toda Sevilla la llana. ¡*«Criaos»* con estas manos! Bueno, y con las de mi señor padre... (*Buscando a su padre.*) Padre, no se esconda... Él es el responsable de estas criaturas. (*Señala al género.*) ¡Venga que los tengo regalaos! La pareja; pollito y gallina por cuarenta pesetas. El pollo a veinticinco pesetas y mitad por cincuenta reales. ¡Vamos, que con esto y la copla les he *«apañao»* la semana! No se lo piensen mucho, que la vida no está muy abundante y el que come hoy, mañana... los males espanta. (*La gente empieza a dispersarse,* CHELITO *ve a* FEDERICO *que se ha quedado inmóvil.*) Joven, ¿va usted a querer algo o se va a quedar ahí *plantao*?

FEDERICO   No, yo... Estoy de paso...Espero a un amigo.

CHELITO   Ya... Pues es una lástima, porque me quedan solo tres gallinas por despachar y me da no sé que venderlas de lo buenas que son. (A las gallinas.) ¿Verdad bonitas mías? Mira Casablanca, Cleopatra y Lauren, como la actriz Lauren Vaca... A mí es que me gusta mucho el cine. Yo creo que en otra vida debí ser artista porque me gusta mucho un baile y un cante...

FEDERICO   Aha...

CHELITO   Pero hoy ya no canto más. Así que si está ahí esperando a que arranque le digo yo que no, que no quiero hacerle perder el tiempo.

FEDERICO   No, no. Como le digo estoy esperando.

CHELITO   ¡Uy! ¿Y ese acento? Usted no es de por aquí.

FEDERICO   No, soy de Sueca. (CHELITO pone cara de no saber.) De Valencia.

CHELITO   ¡Caramba! Mira que viene gente de lejos a comprarme género. Pero de Valencia, el primero.

FEDERICO   Llevo un par de años en El Puntal, trabajo en el arroz.

CHELITO   ¡Ah! Es usted arrocero. ¿Y qué tal por esas tierras? Alguna vez hemos estado allí, ¿Verdad padre? ¿Padre? No se entera, ya está ahí de cháchara... Está como loco porque mañana hay toros y no consigue entrada. Que yo le digo, que si le parece bonito dejarme aquí sola en el puesto con la bulla que se forma, pero bueno, ¡hombres! Pues como le decía, ¡uy, perdone que igual le estoy entreteniendo!

FEDERICO   No tengo nada mejor que hacer, no se apure.

(CHELITO, *interrumpe la conversación con unos clientes que asoman.*)

CHELITO   Perdone. Dime bonita... La pareja a cuarenta. ¿El qué? ¿Medio? A quince pesetas y media... Nada, a mandar... Bueno, le decía que nosotros tenemos el negociado en Montellano, bueno el negocio y la vida entera, pero antes, hasta que mi padre pudo comprar el comercio, hacíamos venta ambulante. ¡Carro para arriba y carro para abajo! Y alguna vez bajamos hasta El Puntal. ¡Aquello es como el fin del mundo! ¿No se aburre usted allí?

FEDERICO   Un poco, aunque no tengo mucho tiempo para aburrirme.

CHELITO   «Hombre atareado, hombre afortunado» ¡Vaya con El Puntal! ¡Quién lo diría...!

FEDERICO   El jornal es bueno, pero... Uno extraña lo suyo, ¿sabe? La familia, el pueblo, el «*partidet*» del domingo... Allí si la siembra es buena, los sábados cojo la bicicleta y a Valencia que me voy, directo al teatro Ruzafa. Allí he visto, revista, comedia, varietés, lo que echen... Luego me encanta pasar por el horno de san Pascual, solo a mirar, no se crea. Pero sin duda, mi lugar favorito es la librería Soriano, allí descubrí a Miguel Hernámdez, a Blasco Ibañez o a García Lorca.

CHELITO   ¿El *Granaíno*?

FEDERICO   El mismo, mi tocayo.

CHELITO   ¿Se llama usted...?

FEDERICO   Federico.

CHELITO   Tiene nombre de escritor.

FEDERICO   ¿Usted?

CHELITO   Mi nombre es María Consuelo, como mi difunta madre que en gloria esté. Pero todo el mundo me llama Chelito, porque nací sietemesina y era muy canija. Mi madre decía que tenía pollos más grandes que yo... Vamos, que no las tenían todas consigo de que yo fuera a echar *palante*... Pero miré, aquí estoy.

FEDERICO   Mucho gusto.

CHELITO   ¿Así que es usted novelero? Pues mira, haría buenas migas con el capitán. *(Buscando a su padre.)* ¿Verdad, padre? Ni caso...

FEDERICO   ¿A usted le gusta la poesía?

CHELITO   Me gusta más oírla que en el papel. A mí me
             gustan más las canciones.

FEDERICO   Si a usted le gusta más oírla, a mí me encan-
             ta compartirlas en voz alta.

CHELITO   (*Sorprendida.*) ¿Quiere usted recitarme una
             poesía?

FEDERICO   Si le viene bien...

CHELITO   (*Viendo la escasez de clientela.*) Venga, apro-
             veche ahora que la cosa esta mansa.

FEDERICO   Son unas estrofas de cosecha propia, que es-
             cribí en... (*En ese momeneto suena la voz de To-
             más: «*FEDERICO*» ambos se giran. A Tomás.*)
             ¡Tomás! Sí, sí... ¡Ya voy!...

CHELITO   ¡Ea, ya ha llegado el amigo!

FEDERICO   Ha ido a los toros, para ver si le dan una opor-
             tunidad como novillero, y así de paso entra-
             mos gratis.

CHELITO   ¿Gratis? ¡Uy!, pues no lo digan muy alto que
             mi padre anda con el morro torcido. (*A otros
             clientes que asoman.*) ¡Buenas tardes les dé
             Dios! Aparte de lo que ven, tengo gallina vie-
             ja y cuartos de pollo frescos. Para lo que ne-
             cesiten... (*A* FEDERICO.) Bueno, pues...

FEDERICO   Sí ...

CHELITO   Mucho gusto joven, no quiero entretenerle más.

FEDERICO   No, si no...

CHELITO   Disfruten de la feria, y que le siga haciendo justicia al nombre: Federico. Siga usted escribiendo que eso no hace daño a nadie. (*Nuevamente la voz de Tomás,* FEDERICO *le contesta mientras se dirige a él y sale de escena. Al público.*) Me llamo María Consuelo Gallardo Domínguez y crío pollos desde que estas manos tuvieron traza para empezar a desplumar. Tuve que empollinar muy pronto, nunca mejor dicho, porque perdí a mi madre con diez años y con ella se fue la niñez y la alegría. Mi padre Francisco es un buen hombre. Cabal y trabajador como un mulo, pero no movía un fardo de paja sin que mi madre le dijera este aquí y ese allá... Y claro..., ¿cómo se quedó ese hombre? Más perdido que un sordo en una guerra. Así que a una le tocó arremangarse el faldón y echar *palante*. Se acabó la escuela. Me tocó aprender todo lo que mi madre hacía... ¡Virgen santísima, cuántas cosas hacía esa mujer que yo no supe hasta que ya no estaba! Y hombro a hombro con mi señor padre, fuímos criando, matando, pelando y vendiendo. Yo siempre digo que juntos pasamos una guerra, pero que nuestra mayor desgracia no vino por un bayonetazo o por un balín, sino por una mala fiebre, fiebre tifoidea nos dijo el médico. En unos años donde se mataban unos a otros, se fue el pilar de mi casa, el pilar de mi vida, yo me hice mujer de la noche a la mañana. A mi padre y a mi nos salvaron la vida las gallinas. ¡Como lo oyen! En esos años no se podía hacer venta ambulante. Coger el carro y salir a los caminos era jugarte el pescuezo y el género. Así que nos encerramos en casa con seis gallinas y fuimos comiendo y viviendo de lo que nos iban dando. ¡Cuánta fatiga! La guerra duró tres años, pero a mí se me hicieron como veinte... La angustia de aquellos días, aquí la llevo *(Se toca el pecho.)* y lo que pasó... En fin... ¡Maldita guerra! Bueno ¿Pues qué creen que pasó al día siguiente? Que al valenciano lo tenía yo asomando por el puesto a primerita hora de la mañana. Yo sabía que iba a volver. Sabía que a ese muchacho lo iba a volver a ver. No sé..., por cómo me miró el día anterior. Me miraba muy fijo, con los ojos muy redondos, muy abiertos... Yo no estaba para cortejos ni para romances, pero el muchacho me transmitió buenas intenciones y me dio no sé que... ¡Tan lejos de su casa! Fue muy pillo, Federico no fue a los toros. Invitó a mi padre para que fuera con su amigo. ¡Claro, se lo metió en el bolsillo en un «riqui raque»! Esa tarde estaba la feria a rebosar... Cuando volvió mi padre y lo vio echandome una mano y descargando pollos del carro... Nunca olvidaré esa mirada... Federico no volvió a las marismas. Antes de acabar la feria mi padre tuvo una conversación con él... No sé qué es lo que le diría el poeta, solo sé que a Cazalla llegamos dos y de Cazalla nos fuimos tres, y desde ese día, Federico Alcañiz Samper, entró en mi vida..., y en la familia..

Oscuro.

Escena 3
La polleria

Montellano. Un año después. Vemos a FEDERI-
CO *haciendo las rutinas habituales previas a abrir
el negocio.*

FEDERICO   (*Voz en off.*)
De la albufera me fui
Para quedarme en sus ojos
Un revuelo de alegría
Que lo contagiaba todo.
Me acostumbré a su sonrisa
Y también a sus enojos
A sus cantes, simpatía
Me enamoré como un loco.
De día la respiraba
La soñaba silencioso.
A la verdad faltaría
Si en poco tiempo yo vi
También el brillo en sus ojos.
La sorprendí un día de cierre
Pidiéndole matrimonio
Y agarrándome la mano,
Con los labios temblorosos,
Me daría el mejor regalo
Cumpliendo así mis antojos

(Aparece Chelito, *le da un delantal a* Federico *y cierra el poema.)*

CHELITO Federico de mi vida
tú nunca estarás ya solo.

(Ambos personajes comienzan su rutina de cada día. Ad libitum empiezan una coreografía de acciones propias del negocio. Pelar, cortar, envolver, etc...)

FEDERICO El *mandao* de las nueve es el primero.

CHELITO Está fresquita la mañana.

FEDERICO ¡Buenos días, Anselma!

CHELITO Cuello, punta y alón.

FEDERICO Don Francisco, estoy en ello.

CHELITO A San Antón..., pídaselo a San Antón.

FEDERICO ¿Las patas aparte?

CHELITO ¡Que sííí!

FEDERICO El entresijo se lo separo...

CHELITO ¡Qué cantidad de agua cayó anoche!

FEDERICO Aquí se le fía Josefina, usted ya lo sabe...

CHELITO   La radionovela me tiene negra.

FEDERICO   Hígado, molleja y corazón.

CHELITO   ¿Trae la cartilla de racionamiento?

FEDERICO   ¡Menudo gol de Puchades!

CHELITO   ¡A don Genaro se le ha muerto el gorrión!

FEDERICO   ¿Yo?... Con unos mocasines me conformo.

CHELITO   Que sí padre, no se altere.

FEDERICO   ¡Cómo le gusta el higadillo a la marquesa!

CHELITO   Una chaquetilla de mezclilla. ¡Qué preciosidad!

FEDERICO   Salen unos ocho filetes...

CHELITO   Amparo Rivelles está estupenda.

FEDERICO   2-1 en Buenavista..

CHELITO   De huevos está mal la cosa, Alfonsa.

FEDERICO   No me hable, no me hable...

CHELITO   Vende unas alpargatas, que son canela en rama.

FEDERICO   Que me disfrace en los carnavales, dice...

CHELITO   Calle Padre, que empieza la novela.

FEDERICO   Ha subido el carbón.

CHELITO   Ajito, perejil y un poquito de romero.

FEDERICO   A mandar doña Silvina...

CHELITO   Muslos, contramuslos y cuartos traseros.

FEDERICO   Del gobierno, mejor no...

CHELITO   ¡Ni que fuera Agustina de Aragón!

FEDERICO   Hay que ser Cantamañanas...

CHELITO   (Canta.)

FEDERICO   ¡Pero cómo no va haber hambre, Fermín!

CHELITO   Tengo a mi padre en cama

FEDERICO   Mujer, una copita de chinchón, aunque sea...

CHELITO   La Juana, la hija del francés.

FEDERICO   ¡Qué ganas de un arroz con nabo!

(Entra el alcalde. Pausa, ambos se miran.)

CHELITO   Hombre señor alcalde, ¡Muy buenos días!
¿Qué va a querer?

FEDERICO
/CHELITO   ¿Cómo?

FEDERICO   Pero nosotros...

CHELITO   Nosotros no somos artistas, señor alcalde.

FEDERICO   Si yo lo entiendo, pero una cosa es un chascarrillo y otra...

CHELITO   *(Interrumpiendo.)* Lo que quiere decir Federico, es que una cosa es que yo canté aquí mientras pelo un pollo y otra es hacerlo en la plaza del pueblo.

FEDERICO   ¿Que se lo han pedido los vecinos?

CHELITO   ¿Para las fiestas patronales?

FEDERICO   ¿Y que escriba un poema sobre el pueblo?

CHELITO   Sobre el pueblo y sobre los vecinos.

FEDERICO   Sobre el pueblo, sobre los vecinos, y sobre la fiesta del vino.

CHELITO   Sobre el pueblo, sobre los vecinos, sobre la fiesta del vino, y sobre el alcalde...

FEDERICO   Sobre usted, vamos.

CHELITO   A ver don Ramón, nosotros agradecidos de que nos consideren para amenizar la fiesta, como si fuéramos artistas. Pero, no sé qué decirle, me ha dejado de piedra.

FEDERICO   De pasta de boniato.

CHELITO   Como un gato de escayola.

FEDERICO   Boquiabierto como un ninot de falla.

CHELITO   Asombrada como una figurita del Belén.

FEDERICO   Estupefacto como...

CHELITO   Ya está bien Federico, que son Ramón lo ha entendido. Quiero que sepa una cosa, esto es un halago.

FEDERICO   Un cumplido.

CHELITO   Un agasajo.

FEDERICO   Un embeleco.

CHELITO   Una adulación.

FEDERICO   Una lagotería.

CHELITO   Una lisonja.

FEDERICO   Y un festejo.

CHELITO   Pero yo le voy a decir algo. Tengo a mi padre en cama. No me queda género hasta la semana que viene y estamos a miércoles. La vida no está fácil para distraerse en zarandajas, don Ramón.

FEDERICO   Ya.

CHELITO   Ajá.

FEDERICO   Ya.

CHELITO   Ajá.

FEDERICO   Ya.

CHELITO   Ajá.

FEDERICO   Ya.

CHELITO   Está bien. Ya le diremos algo.

FEDERICO   ¡Con Dios, don Ramón! (*Sale el alcalde. Se quedan los dos personajes solos. Recogen, están haciendo el cierre del negocio.*) Yo lo entiendo, Chelo. Desde que acabó la guerra... Aquí digo, porque en Europa...

CHELITO   Yo en Europa no lo sé, pero aquí todavía no se he ha ido el polvo... Ni el humo...

FEDERICO   Por eso mismo. La gente necesita un poco de alegría.

CHELITO   Tinta china hay que sudar para tener género en el aparador. Cartilla de racionamiento de primera clase, de segunda y de tercera... ¿No va a haber estraperlo?

FEDERICO   La gente ...

(CHELITO *interrumpe.*)

CHELITO   La iglesia está llena de paisanos pidiendo, rogando...

FEDERICO   La gente...

CHELITO   No falta un alma en misa de doce, ni en la de nueve ni en la de seis... Pero aquí pasan los días, los meses, los años, y doña miseria no ahueca el ala.

FEDERICO   Chelito, la gente ...

CHELITO   ¡Que sí, Federico, que sí! Que la gente necesita un poco de alegría.

FEDERICO   Aunque sea que vuelvan a tener unas fiestas patronales decentes. Que no sea únicamente correr detrás de la vaquilla y pasear a la Virgen. Pero claro, la caja de caudales esta más tiesa que el brazo de un limosnero... Y que no nos llueva como el año pasado.

(*Pausa.*)

CHELITO   Federico, yo tengo ganas de ser madre.

Oscuro.

Escena 4
Primera actuación

> *Plaza del pueblo. Fiestas patronales de Monte-*
> *llano. En un desvencijado tablado improvisado,*
> FEDERICO, *debajo de la luz de un bombillo saca*
> *unos papeles y recita.*

FEDERICO   Señoras y señoritas
Jóvenes y caballeros
Damos hoy la bienvenida
A las fiestas de este pueblo

Gracias al señor alcalde
Que preside aquí en el centro
Por darnos su confianza
Para alegrar este evento

Aquí en esta serranía
Nadie saldrá descontento
Rezumará la armonía
Será una noche de cuento

Estos calores de agosto
Hoy no nos darán tormento
Hoy brillará la poesía
Y los cantes con salero

Habrá risas, chascarrillos
Y *levantás* de sombreros
Nuestra patrona este día
Nos protege desde el cielo

Ángeles con alegría
Se abanican desde lejos
Y nosotros con el vino
Alegramos el festejo.

Amigos montellaneros
No me quiero hacer extenso
Que la emoción me conmueve
Y Chelito desde dentro
Ya siento que tiene prisa
Por que aplaudan con esmero

Gracias por esta acogida
A un valenciano extranjero
Que hoy les presenta sus rimas
Sintiéndose de este pueblo

Que viva el señor alcalde
La patrona desde el cielo
Vivan los aquí presentes
Y a disfrutar, que eso es bueno.

(Aplausos y bullicio de los vecinos. FEDERICO hace intención de salir, pero se da cuenta de que antes de hacer mutis tiene que presentar a CHELITO.)

FEDERICO   Y ahora sin más dilación, tengo el gusto de presentaros a una mujer de esta tierra, una artista de tronío...

(Aparece CHELITO *y lo interrumpe.)*

CHELITO   ¡Ay que ver este hombre! Artista dice... ¡Artista! ¡Qué cosas tiene!... Pollera, y a mucha honra. Que aquí todos nos conocemos, ¿verdad? Esto de hoy es un accidente... Y un privilegio todo hay que decirlo. ¿Quién me iba a decir a mí, mientras arranco pescuezos que hoy me iba a ver de esta guisa? Señor alcalde, lo que usted no consiga... ¿Dónde está mi señor padre?

(Buscando entre el público, FEDERICO *encauza el hilo.)*

FEDERICO   Vamos Chelito que la orquesta está preparada.

CHELITO   ¿Pero qué orquesta Federico? ¿Qué orquesta? Si aquí estamos tú y yo solos.

FEDERICO   Mujer... Es una forma de hablar, una convención...

CHELITO   ¿Una convención? Este hombre tiene más fabula que un tebeo. Por él estoy aquí. Entre él y el alcalde me han hecho el trajín. Mi Federico es muy *sentío* y sabe que en el pueblo estamos pasando las de Caín.

FEDERICO   ¡Venga que la gente quiere alegrías y oírte cantar! ¡Perico, dale a la gramola!

CHELITO   ¡Ea, vamos allá! Que esta seguro que la conocen...

(*Arranca la música,* CHELITO *abre el abanico y arranca con una canción popular. Después de la actuación de* CHELITO, *durante los aplausos, se produce una elipsis de final de espectáculo. Los vecinos entregados piden «otra, otra, otra». Se oyen los gritos de algunos parroquianos pidiendo «el truco de la moneda», «cántate otra,* CHELITO» «*Valenciano, el chiste del cojo»... Vemos a los dos personajes entre cajas.*)

FEDERICO   ¿Qué hacemos?

CHELITO   Yo no salgo más, ¿Eh?... Llevamos una hora de fanfarria y estos no tienen fin.

FEDERICO   (*Mira por la cortinilla.*) Se lo están pasando bien. Quieren más.

CHELITO   ¡Ea, pues sal tú y cuenta el chiste del cojo!

FEDERICO   Si ya lo he contado.

CHELITO   Pues haz el truco de la moneda.

FEDERICO   No, no, el truco no, que no lo he ensayado.

CHELITO   Pero si te han visto hacerlo mil veces en el puesto.

FEDERICO   Ya, pero allí me tapa el mostrador. Aquí estoy vendido. (*El público no para de acechar e insistir.* «FEDERICO, *el poema del pueblo».*) ¿El poema del pueblo? ¿Otra vez? Pero... ¿están borrachos?

           (*Siguen las peticiones.* «*Venga* CHELITO, *una más», «Suspiros de España».*)

CHELITO   Yo tengo los pies *molíos*. Los zapatos estos... Porque son de mi difunta madre, que si no, se van al río.

FEDERICO   Venga Chelito, canta la última y nos despedimos.

CHELITO   No.

FEDERICO   ¡Vamos *chiqueta*! La última, el colofón a la velada.

CHELITO   ¡La última, eh! ¡Por estas! (*Besándose el pulgar.*) y ya pueden venir todos mañana al comercio y hacer negocio, que artistas no seremos, peros primos tampoco.

FEDERICO   Mañana va a estar aquello de bote en bote. Nos va a hacer falta una granja más grande que el Perú. Venga voy a presentarte.

31

(Sale a escena.)

CHELITO   Federico...

FEDERICO   *(Vuelve.)* ¿Qué?

CHELITO   Suspiros de España.

FEDERICO   Voy.

(Suena «Suspiros de España», versión instrumental. Transición a Segundo acto.)

ACTO II
Escena 5
La propuesta

Estamos en el comercio de pollos. Día después de la actuación. CHELITO *y* FEDERICO *bailan a ritmo de pasodoble.*

CHELITO   Federico dio en el clavo. Al día siguiente no hubo ni un solo vecino en el pueblo que no pasara por aquí.

FEDERICO   ¡Colas!

CHELITO   Todo el mundo pasó a darnos las gracias.

FEDERICO   A felicitarnos.

CHELITO   Y a comprar, por supuesto.

FEDERICO   ¡Colas!

CHELITO   Muchos compraron por puro agradecimiento.

FEDERICO   Y los que no lo hicieron nos trajeron un presente.

CHELITO   Lo que tenían.

FEDERICO   Patatas.

CHELITO   Tomates.

FEDERICO   Vino.

CHELITO   Aceite.

FEDERICO   Harina.

CHELITO   Medio conejo.

FEDERICO   Serradura.

CHELITO   Tabaco.

FEDERICO   Jabón...

CHELITO   ¡Hasta unas sabanas de algodón puro, me tra-
jo doña Fernanda!

FEDERICO   ¡La marquesa! ¡Cómo le gusta el higadillo!

CHELITO   Nos quedamos sin nada.

FEDERICO   En una mañana vendimos más que en una
quincena.

CHELITO   Todavía nos duraba la exaltación de la noche
anterior...

FEDERICO   ¡Colas!... (*El ruido de la puerta y la presencia
de un hombre interrumpe el baile y el clímax del*

momento, atienden al recién llegado.) ¡Buenos días!

CHELITO   ¿Qué desea?

FEDERICO   Sí, somos nosotros.

             (Se miran.)

CHELITO   ¿Vio usted lo de anoche?

FEDERICO   Hombre, ¡Muchas gracias!

CHELITO   Muy amable. Gracias, pero lo de anoche fue una cosa inesperada.

FEDERICO   Insólita.

CHELITO   Inusual.

FEDERICO   Inusitada

CHELITO   Bueno, ya esta bien... *(Lo corta.)* Lo hicimos por compromiso.

FEDERICO   Nos lo pidió el alcalde y...

CHELITO   ¿Cómo?

FEDERICO   ¿Apoderado?

CHELITO   ¡Uy apoderado, como si fuéramos toreros!

FEDERICO   ¿Usted representa artistas?

CHELITO   ¿A Lita Montes? ¡Ay por favor, me encanta!

FEDERICO   No sabe lo que ha dicho.

CHELITO   ¡Qué voz! ¡Qué mujer! Cuántas veces le he dicho a Federico lo que me gustaría poder ir a Sevilla y verla en el teatro San Fernando.

FEDERICO   ¡Muchas!

CHELITO
/FEDERICO   ¿Cómo?

CHELITO   Eh...

FEDERICO   Pero bueno...

CHELITO   ¿De verdad?

CHELITO
/FEDERICO   ¿Nosotros?

FEDERICO   No sé qué decir.

CHELITO   ¡Qué cosas tiene usted!

FEDERICO   ¿Y eso? ¿Cómo lo haríamos?

CHELITO   ¡Alto! Nuestro negocio es este. Nuestra vida está aquí.

FEDERICO   ¡Una *tournée* por los pueblos!

CHELITO   Después por ciudades...

FEDERICO   ¡Por los teatros!...

CHELITO   Y si va bien, a la capital, a Madrid. (*La conversación se congela.* CHELITO *observa a Faustino y después se detiene en mirar a* FEDERICO. *Se dirige a público.*) En cuanto miré a Federico y vi el brillo en sus ojos, supe que aquella visita iba a ponerlo todo del revés. Lo sentí en el estómago.

(*Se alterna el relato de* CHELITO *al público con la conversación en paralelo entre* FEDERICO *y Faustino.*)

FEDERICO   ¿Cincuenta duros al día? ¿Por una actuación? Depende... ¿Y de qué depende?

CHELITO   (*Al público.*) El señor del traje nos ofreció un contrato como... como... ¿cómo era Federico?

FEDERICO   «Apoderado en calidad de representación artística».

CHELITO   ¡El patrón, vamos! Consistía en hacer una *tournée* por toda Andalucía. Empezaríamos por pueblos pequeños haciendo la actuación en plazas al aire libre, o lo que cada pueblo tenga a su bien tener.

FEDERICO   (*En conversación con Faustino.*) Entonces en pueblos pequeños, solo una representación y cincuenta duros al día...

CHELITO   (*Al público.*) Si la cosa va derecha, empezaríamos a pisar ciudades más grandes y por ende algún café de mayor cartel. Y si ya la cosa va de dulce, iríamos a capitales de provincia y a los mejores teatros, como hacen los artistas de solera.

FEDERICO   (*En conversación con Faustino.*) ¿En ciudades grandes tres funciones? Una matinal, una de tarde y una de noche.

CHELITO   (*Al público.*) El colofón a todo esto sería llegar a Madrid. Dice que allí es donde se firman los grandes contratos y si alguna vez esto ocurre, desde ese momento, ese señor, Faustino, terminaría sus servicios con nosotros.

FEDERICO   (*Al* CHELITO.) Chelito..., ¿qué te parece? Nos están ofreciendo ser cómicos.

CHELITO   (*Al público.*) ¿Que qué me parece? Algo aquí dentro me dijo desde el primer momento, que si cruzábamos esa puerta con las maletas ya nada volvería a ser lo mismo. (CHELITO *se una a la conversación con Faustino y* FEDERICO.) Mire Faustino, esta decisión no se puede tomar a la ligera, es mucho lo que hay que discurrir y que pensar. Pero sí que le voy a decir algo antes de hablarlo con mi marido. Yo de los límites de Sevilla no me muevo sin mi padre, que el hombre ya tiene una edad. Y en caso de que aceptásemos, usted me tendría que dar tiempo para que yo me busque a alguien de confianza para llevar el negocio. Usted ha dicho que nos haría de chófer, de regidor y de gerente durante la *tournée* ¿Eso es así? Pues necesitamos ropajes nuevos, porque mi Federico se tiró la mitad de la representación con la mano tiesa, parecía un muñeco de madera tapando el agujero del chaqué.

FEDERICO Por eso no hice el truco de magia.

CHELITO Y, por último, ha dicho que en pueblos pequeños nuestra ganancia son cincuenta duros por una única representación ¿Cierto? Entonces la pensión y el condumio tienen que ir aparte, porque si no, no nos sale a cuenta el trasiego de dejar esto.

FEDERICO Chelito...

CHELITO Y dicho esto... Ahora Federico y yo tenemos que hablar y cavilar muchas cosas. En una semana lo sabremos.

FEDERICO ¡Y en menos a lo mejor también!

CHELITO Con Dios, don Faustino.

FEDERICO   ¡Gracias por su tiempo, muchas gracias! (*Sale Faustino, se quedan solos en el negocio.*) ¡Un contrato para ser artistas!

CHELITO   F...

FEDERICO   Y nos van a pagar por ello.

CHELITO   F...

FEDERICO   Cincuenta duros por una hora de trabajo.

CHELITO   Fe...

FEDERICO   ¡Actuar en teatros, Chelo!

CHELITO   Fed...

FEDERICO   En el San Fernando de Sevilla!

CHELITO   Fede...

FEDERICO   ¡Por fin podremos ir a Sueca y que conozcas a mi familia!

CHELITO   Feder...

FEDERICO   ¡Comprarnos un coche!

CHELITO   Federi...

FEDERICO   Y a tu padre se le acabó ya el trabajar, ¿eh? Se acabó levantarse a la hora del gallo y limpiar corrales.

CHELITO   ¡¡¡Federico!!!

FEDERICO   ¿Qué?

CHELITO   No me digas por qué, pero hay algo en este asunto que no me gusta.

FEDERICO   ¿Por qué?

CHELITO   No lo sé. Es un presentimiento.

FEDERICO   *Chiqueta*, este hombre representa a Lita Montes. Nos ofrece un contrato en papel, firmado de su puño y letra. A poco que esto salga..., ¿cuántos pollos tenemos que pelar y vender para ganar lo mismo?

CHELITO   ¡No lo veo claro!

FEDERICO   Pero Chelo...

CHELITO   Dejar nuestra casa, el negocio, estar lejos de mi padre. Esa vida... No es sencilla para tener familia.

FEDERICO   Chelo, llegué a los arrozales con dos duros en el bolsillo. Mi gran suerte ha sido encontrarte.

Se nos da bien hacer reír a los demás. Tú has nacido para eso y yo, ni en mis mejores sueños pensé que podría hacerlo. Tenemos derecho a intentarlo, a dejar de oler a granja, y a comer otra cosa que no sea pollo. Tenemos derecho a dejar de hacer malabares para compaginar las tres piezas de ropa que tenemos. A que te vea con otro vestido que no sea el verde o el azul. Y a que tu padre no herede mis zapatos con dos números de más. Tenemos derecho Chelo, aunque sea a intentarlo.

CHELITO   Federico... Yo quiero ser madre.

(Silencio.)

Oscuro.

Escena 6
La *tournée*

CHELITO y FEDERICO *empiezan la «tournée».
Suena una pieza musical acorde a la situación.
Mediante una coreografía con maletas vemos la
nueva vida de nuestros protagonistas. Viajan,
ensayan, actúan y vuelven a viajar. Es un carrusel frenético de carreteras, pueblos y escenarios
de toda clase y condición. De repente suena un
tanguillo. Nuestros protagonistas bailan y cantan, representan brevemente la pieza de su nuevo repertorio. Una fuerte tormenta interrumpe
el tanguillo. Abren un paraguas, cogen las maletas y vuelven a adentrarse en la coreografía de
la «tournée». Marcamos el paso del tiempo. Esta
vez un grito de CHELITO es el que frena la coreografía. Silencio. La música deja de sonar. Todo
se detiene. Se produce un cambio de ambiente.*

CHELITO   ¡Padre!...

(CHELITO *y* FEDERICO *se abrazan. Están velan-
do a Francisco, el padre de* CHELITO. *Representan una ceremonia de sepultura íntima. Solo
están ellos, se despiden de él. A continuación,
con ritmo lento y apesadumbrado recuperan*

sus pertenencias, de nuevo cogen las maletas y vuelven a meterse en el ritmo frenético del carrusel. Sigue la coreografía, sigue la «tournée». La música se va alejando y los protagonistas van desapareciendo en su coreografía hasta el oscuro.)

Escena 7
La pensión

> *Vemos a* CHELITO *sola en una estancia, es la habitación de una pensión discreta. Está cosiendo el dobladillo de una prenda de vestuario. Oye un ruido.*

CHELITO   ¿Federico? ¿Federico eres tú?... ¿Otra vez usted?... Federico no está, si quiere hablar con él. ¿Conmigo? ¿De qué?... Ya le dije que no entre en mi habitación... Faustino por favor... ¡No!... ¡No quiero escucharle!... ¡Fuera!... Oiga, no me llame así, yo no le he dado confianzas para eso... ¿Pero qué quiere?... Estoy casada... ¿Que usted es muy discreto?... ¡Es un sinvergüenza!... ¡Por favor! ¡Ya está bien! Faustino... ¡Faustino, pare! ¡Faustino! ¡Por favor!... ¡Pare!

Oscuro.

Escena 8
«El San Fernando»

Teatro San Fernando de Sevilla. Última función de la gira. FEDERICO y CHELITO están en el camerino preparándose para la función. Se oye el murmullo del público. FEDERICO está nervioso, se mueve de un lado para otro, hace gárgaras y aspavientos para aplacar la excitación. CHELITO esta impertérrita, como si la cosa no fuera con ella. FEDERICO mira el patio de butacas a través del telón. Le da un trago a su pequeña petaca.

FEDERICO *¡Mare de Deu, Chiqueta!* Cuantas cabezas juntas... ¡Hay más gente que en la guerra! Tanto hablar del «San Fernando» y va a ser verdad... Aquí estamos Chelito, en el mejor teatro de Andalucía... *(Silencio.)* ¿No dices nada?

CHELITO Una función más. Como la que hicimos en La Luisiana o en Antequera.

FEDERICO ¿Qué dices, mujer? Lo mismo va a ser. Con las ganas que tenías de entrar en Sevilla y actuar aquí. Cuantas veces me has dicho...

CHELITO   (*Interrumpiendo.*) Ya no tengo tantas... ¿Sabes de lo que tengo ganas? ¿Sabes ahora mismo qué es lo que realmente necesito? Terminar esta noche y...

(La irrupción en el camerino corta la conversación, es Faustino...)

FEDERICO   ¡Faustino!... Sí, sí, sí... Y que lo digas... ¡A rebosar!... (*A* CHELITO.) Ves Chelito como esto no es una función cualquiera. (*A Faustino.*) Claro, llegar a Madrid después de llenar aquí...

CHELITO   (*Interrumpiendo.*) ¡Llegar a Madrid es lo que quiero yo! Para dejar de ver a más de un sinvergüenza. (*A Faustino.*) Y ahora si no le importa salga del camerino que nos estamos preparando para trabajar.

(Tensión, silencio. Faustino sale del camerino.)

FEDERICO   ¿Se puede saber que mosca te ha picado?

CHELITO   Demasiadas confianzas.

FEDERICO   Chelito, que es el que manda.

CHELITO   Ya no, esta noche se acabó lo que se daba.

FEDERICO   Te recuerdo que mañana viajamos a Madrid bajo su tutela. De él depende el nuevo contrato, no entiendo que estás haciendo.

CHELITO   Tranquilo que eso no se va a echar a perder. Él va a ganar lo suyo. Ya ha *engordao* la vaca y ahora va a venderla.

FEDERICO   ¿Eso es lo que queríamos, no...?

           (Lo interrumpe.)

CHELITO   Que sí, Federico, que sí. Pa ti la perra gorda.

FEDERICO   ¿Me puedes decir qué te ocurre?

CHELITO   ¡Federico! En cinco minutos empieza la función, y lo que a mí me pase ahora da igual.

FEDERICO   Mujer...

CHELITO   Ya empieza el «Kitchen Sink». ¡Ve preparándote y colócate bien la pajarita! (FEDERICO *hace intención de salir hacía las patas, pero* CHELITO *lo detiene.)* Federico, ¿por qué no me dijiste que Faustino nos debía dinero?

FEDERICO   Me dijo que había teatros que estaban pendientes de pago y no quise preocuparte.

CHELITO   Doscientos cuarenta duros son muchos duros ¿No te parece? (FEDERICO *asiente, nuevamente hace mención de volver a salir.)* ¿Tú te leíste bien el contrato?

FEDERICO   ¿Eh?

CHELITO   El contrato de Faustino ¿Lo conoces bien?

FEDERICO   Sí, ¿Por?...

           (CHELITO *niega con la cabeza, dejando pasar el asunto.* FEDERICO *hace intención de volver a irse, nuevamente sin éxito.*)

CHELITO   Federico..., anteanoche cuando preparabas los baúles para el viaje, Faustino se presentó en la habitación...

FEDERICO   (*Interrumpiendo.*) Tengo que salir, empieza la función.

           (FEDERICO *sale.*)

CHELITO   (*Para ella.*) Ya tenemos el dinero.

           (*Empieza a sonar el tema musical inicial de la representación, sale* FEDERICO, *hace un breve baile de introducción y se dirige a público. Empieza el espectáculo.*)

FEDERICO   ¡Buenas noches damas y caballeros! Bienvenidos a «¡Con Chelito y Federico pasa un rato divertido!». Permítanme que hoy comparta con ustedes una confidencia personal. La de esta noche no es una función cualquiera. Llevo oyendo hablar del teatro San Fernando desde que la conocí, y dudo mucho que haya una artista con más deseo de pisar este escenario. Ella es, Chelito Gallardo... (CHELITO *no sale.)* ¡Chelito!... El San Fernando te espera... *(Silencio.* CHELITO *no aparece.)* ¿Chelito?... ¡Cómo te gusta el misterio, bandida!... En fin... «Lo bueno se hace esperar»... (FEDE-RICO *retoma el hilo, improvisa.)* Es nuestra intención que durante la velada se olviden de sus problemas, de la tos de la abuelo, de la envidia a la vecina o del peinado de su marido... *(Fuerza una carcajada de complicidad con el público, silencio.)* Aquí todos somos iguales, *(Al público)* tanto usted que ha pagado un duro, como aquel de ahí arriba *(Señalando al gallinero.)* que ha pagado la mitad. Bueno, eso ha sonado un poco comunista. *(Intenta enmendar el comentario, está nervioso.)* Aquí no hay pleitos ni contiendas, este es un espacio de caracajada y diversión. Así que, qué mejor momento para presentar a la estrella de esta noche, desde Montellano, Chelito Gallardo... *(CHELITO sigue sin aparecer.* FEDERICO *se va poniendo nervioso, no sabe muy bien como salir del entuerto. Se dirige al técnico.)* ¡Perico! Pon música para amenizar la espera. *(FEDERI-CO sale bailando tratando de aparentar normalidad y se dirige al camerino. En el camerino)* ¡Cheloo! ¡Chelooooo! *(La busca con angustia pero* CHELITO *no está.)* ¿Dónde está esta mujer?... *(No sabe qué hacer, escucha al público impacientarse desde sus butacas. Le da un trago a su petaca y decide volver. Le hace un gesto a Perico para que baje la música y se dirige al público.)* Lo que no vamos a tolerar ni consentir bajo ningún concepto, son las risas descontroladas

e impertinentes. ¿Qué es eso de reírse a lo ton-
to y a lo loco?... Aprendamos un poco de las
risas extranjeras. Por ejemplo, la risa del francés. Da gusto oír reírse a un francés. Es una
risa afrancesada, sutil, indiferente. Una risa
para el cuello de su camisa. Consiste en tor-
cer un poco el morro y reírse casi sin ganas...
Ju, ju, ju, ju. (*Silencio, el patio de butacas es un
cementerio. Lo vuelve a intentar.*) Por no hablar
de la risa del inglés. ¡Qué elegancia! ¡Qué so-
fisticación! Lo hacen fino y delicado. Pueden
reírse mientras juegan al críquet o engullen el
té de las cinco de la tarde. Consiste en poner
el labio fino y reírse entre los incisivos supe-
riores... Ji, ji, ji, ji... (*Silencio.*) ¡Es una risa dig-
na de la realeza! (*Silencio nuevamente. Empieza a escucharse algún silbido. Sigue
intentándolo.*) ¿Y los italianos? ¡Mamma mía!
¡Qué bellezza! ¡Qué superioridad supina!...
Se ríen con autosuficiencia, perdonándote la
vida. Es una risa de «alti voli». Consiste en
una sonrisa de media boca y un sonido grave
y machote... Ja, ja, ja, ja... (*Silencio atroz.* FE-
DERICO *está pálido y sudoroso, está entrando en
pánico. Sigue intentado salir del paso.*) Ante car-
cajadas de tan alto nivel, les pido por favor
que no me vengan a disgustar con la risa pa-
tria. Los portugueses se ríen en silencio. Tampoco es eso... Pero no demos rienda suelta a
nuestra risa ibérica, por el bien... (*Mira hacia
patas trantado de averiguar si está* CHELITO. *La
gente se impacienta y empieza a silvar, se oyen
improperios. Se dirige a Perico.*) Pon música.

(*Sale nuevamente hacia camerinos.*) ¡Cheloo-
oooooooo! ¡Cheloooooooooooooooooo!!!!
(*Está deseperado.* Chelito *sigue sin aparecer.
Mira perdido por el camerino, ve una chaqueta
que utiliza en un número y decide ponérsela. La
gente cada vez está más nerviosa y el agobio de*
Federico *crece a la par, decide volver a salir.*)
Vengo a hablarles de una figura sin igual «El
señor ilusión». Aunque les cueste creerlo, en
el interior de su chaqueta haya remedios para
todos los males, enmiendas para todos los problemas y soluciones para todos los anhelos...
(*Se dirige a gente del público, esta nervioso, habla a todo trapo.*) Por ejemplo, usted, que es
calvo, bola de billar, calvorota, lampiño, gla-
bro, alopécico, pelón y ausente de vello. Le
diré que «la ilusión para un calvo es tener en
su calva algo». Y aquí mi solución:(*Saca un
artilugio de la chaqueta.*) «con aceite de bello-
ta, sale pelo hasta en las botas». (*Silencio.*) O
usted, que es coja, tullida, renca, lisiada, pa-
ticoja, zancuda, manca de abajo y corta de ga-
rra. Usted sabe que «la ilusión para una coja es
bailar sin su congoja». Pues... (*Saca un artilugio de la chaqueta.*) «pruebe esta loción secre-
ta y bailará al son de mi trompeta». (*Silencio.*)
Por no hablar de usted, del que me apiado, un
pobre desdentado, anodonto, mellado, mola-
cho, bichín, imberbe de piño y carente de mue-
la... Le diré que «la ilusión para un mellado
es degustar un buen bocado». Y aquí mi solución: (*Saca un artilugio de la chaqueta.*) «si hace
gárgaras con está poción tendrá un colmillo

como un tiburón». (*Silencio, la derrota se apodera del y del ambiente, saca su petaca y bebe. Ha decidido dejar de intentarlo, vuelve a dirigirse al público pero desde otro lugar, hay amargura.*) Nunca entenderé la poca empatía de este país con «El señor ilusión». Porque mientras uno se toma estos bebistrajos ocurren cosas, uno alberga esperanzas, sueños, nuevas posibilidades...

(*Aparece* CHELITO *y sale al rescate.*)

CHELITO   Federico...

(*Ambos se miran.*)

FEDERICO   Ahora sí, con todos ustedes, Chelito Gallardo... (*Suena una música, Federico antes de irse encara a* CHELITO.) ¿Cómo se te ocurre? ¿Qué querías dejarme en ridículo? ¿Hundirme?

CHELITO   (*Lo mira impertérrita.*) ¿Ahora tienes ganas de hablar? Porque hace un rato parecía que te había comido la lengua el gato.

(*Inmediatamente* CHELITO *se gira a público y empieza su actuación, finaliza con ovación cerrada, público en pie. Saluda comedida y profesional, ni un ápice de su brillo y alegría natural. La luz del proscenio se queda en ella, Chelito se aleja de la boca del escenario y se va quitando el vestuario de la actuación con lentitud.*)

CHELITO   ¡Qué guasa tiene la vida! Ante el mayor aplauso que me han dado nunca y yo quería desaparecer, caerme por un desfiladero bajo mis pies, que me engulliera la tierra. Me gustaría que ahí abajo estuviera usted padre, para sostenerme, y quedarme un rato en silencio, en calma, en paz. En apenas cuatro años todo ha dado un vuelco. ¡Ay, si pudiera verme ahora! De viajar en carro, a viajar en coche y llenar teatros. Colgamos el cartel de lleno allá donde vamos. Ya, ya sé que usted esto nunca lo entendió. «Su tienda»… Su tienda era el mayor tesoro en la tierra. No podíamos con todo a la vez, padre… Había que decidir. Esto nos da más *parné*, usted lo sabe, aunque le cueste verlo como un trabajo como Dios manda. He de reconocerle que no es tan bonito como parece. Mucha carretera mucha pensión, y mucha maleta para arriba y para abajo. Una desea llegar a un sitio e instalarse, que le dé tiempo a lavar la ropa y a que se seque. Pero eso pasa la menor de las veces. Federico se acuerda mucho de usted, sé que lo echa de menos. Cada vez que paramos en alguna bodega y se toma un coñac, se pone melancólico y lo saca a relucir. «Con lo que le gustaba a tu padre un Soberano y qué pocas veces pudo darse el gusto». ¡Ea, él se lo está dando por los dos! Usted lo aficionó y él ha cogido el testigo a las mil maravillas. Le faltaba un pajarraco al lado como Faustino. Padre, llevo una pena muy grande conmigo. Siento angustia. Me da vergüenza, si lo tuviera delante no podría ni mirarlo a la cara.

Ese tipejo nos engañó. Nos debía dinero, muchos cuartos, y una vez acabada la *tourneé* ya no se comprometía a nada, ni a llevarnos a Madrid, ni empresario del teatro, «ni leche migá». Dice que eso no venía en el contrato. ¿Contrato? ni Federico ni yo habíamos visto uno en la vida. Él aún se defiende con las letras, pero yo... En fin, lo que quería el malaje era otra cosa, buscarme... Quería... Y yo no supe ... Finalmente nos vamos a Madrid. Salimos mañana. Hemos cobrado todo el dinero, padre. Una vez lleguemos allí, espero no volver a cruzarme a ese canalla en mi vida. (*Durante el relato,* CHELITO *se ha ido quitando el vestuario de la función, cambiado de ropa y ha ido haciendo su equipaje hasta dejar lista su maleta. Se produce un cambio de ambiente.* CHELITO *cruza el escenario, estamos en el andén de la estación de tren de Sevilla. Sonido ambiente.*) ¡Federico! ¡Federico! (*Aparece* FEDERICO *cargando con dos maletas y un bolso cruzado estilo bandolera.*) ¿Y el paraguas?

FEDERICO   ¡No tengo más manos, Chelito!

CHELITO   Que no se te olvide que en Madrid llueve mucho.

FEDERICO   Si no hemos estado nunca.

CHELITO   Más vale prevenir.

FEDERICO   Quédate tu arriba con las maletas y yo voy a cargar el baúl.

CHELITO   ¿Dónde está Faustino?

FEDERICO   Ya debería estar aquí. ¡Vamos sube, que vamos mal de tiempo! A lo mejor Faustino ya está arriba.

(CHELITO *sube al vagón.* FEDERICO *sale en busca del baúl y regresa para subir al tren. Los dos personajes ya están a bordo con sus pertenencias. Sonido del ferrocarril partiendo y poniéndose en marcha. Vemos a los dos personajes con sus maletas y su baúl camino a su nuevo destino.*)

Oscuro.

ACTO III
Escena 9
Madrid

*Escuchamos los últimos compases de un tren lle-
gando. El sonido se entremezcla con otra música, Madrid recibe a nuestros protagonistas con
una típica canción de organillo, propia de los 50.
FEDERICO y CHELITO están en la urbe. Aparecen
con sus maletas. Empieza a apoderarse del ambiente un sonido estridente de ciudad, coches,
claxon, murmullos, etc. FEDERICO y CHELITO miran desconcertados, deambulan, no saben por
dónde ir.*

CHELITO   ¿Será verdad que el tío mamarracho nos ha
            dejado «tiraos»?

FEDERICO   Mira que te lo dije, mujer... Ayer lo echaste
            del camerino y hoy nos la ha devuelto. ¡No
            me lo puedo creer! (*En ese momento oímos un
            coche que pasa por delante de ellos y casi los
            afeita los pies. Al coche.*) ¡Pero bueno... Oiga!
            ¿Adónde va?

            (*Retroceden unos pasos y salen de la orilla de la
            acera.*)

CHELITO   ¡Federico ten cuidado! Me extraña mucho que ese pájaro no se presente sabiendo lo que hay en juego.

FEDERICO   ¿Y ahora qué hacemos? Porque no tenemos techo, ni reunión con el empresario nuevo, ni...

CHELITO   ¡Ni Cristo que lo fundó!

FEDERICO   ¿Lo llamamos?

CHELITO   ...

FEDERICO   Vamos a una pensión, dejamos los trastos y trato de localizarlo.

CHELITO   ¡Venga, vamos! ¡No pienso parar hasta que ese gañán coja el teléfono! Eso sí, como no de señales de vida yo mañana me vuelvo a Montellano. ¡Y aquí paz y despúes gloria! Se acabó el disfraz, la farándula y el baile de San Vito. (*Los personajes cargan sus enseres. Suena una pieza musical y como vimos en «La Tournée», arrancan una coreografía de movimiento con sus maletas y el baúl. Deambulan por la ciudad. Buscan aposento. Durante esta pieza hay un elemento relevante, el teléfono. Los personajes durante su búsqueda lo utilizan frecuentemente tratando de localizar a Faustino. No lo consiguen. Después de su carrusel coreográfico, ambos entran en una habitación de hostal. La música se detiene cuando cierran la puerta de la habitación. Sueltan las cosas. Silencio. Se recomponen.*) No deshagas la maleta.

FEDERICO   ¿Por?

CHELITO   No la dehagas.

FEDERICO   ¿No te gusta la pensión? Con lo que nos ha costado encontrarla.

CHELITO   Ya está bien. Hasta aquí.

FEDERICO   ¿Eh?

CHELITO   ¡Basta, Federico! Bien está lo que bien acaba. Llevamos años dando vueltas. ¡Se acabó! ¡Ya hemos sido artistas!

FEDERICO   ¿Hemos?... No, Chelo. ¡Somos!

CHELITO   Yo soy pollera.

FEDERICO   ¿De verdad?

CHELITO   Que me muera ahora mismo si estoy mintiendo.

FEDERICO   ¿Adónde quieres ir a parar?

CHELITO   A que estoy cansada.

FEDERICO   ¿Cansada? ¿Estás cansada? Pues nada, mañana para Montellano...

(CHELITO *interrumpe.*)

CHELITO   Federico...

FEDERICO   *(Sigue.)* Y pasado a las seis en pie, a buscar hierba para las gallinas, y luego a los corrales a limpiar mierda y a estar pendiente de las ponedoras, y luego a por los machos, a pelarlos y a prepararlos para a las nueve en punto abrir el puesto. Eso si hay suerte y no ha caído ninguna mala, si no a Utrera andando para ver al médico...

               (CHELITO interrumpe.)

CHELITO   No me refiero a eso.

FEDERICO   ¿A qué te refieres? Porque nunca hemos tenido lo que tenemos ahora.

CHELITO   Yo no necesito esto para ser feliz. Me valía estar contigo en el pueblo para serlo.

FEDERICO   Yo no me he ido, *chiqueta*. Estoy aquí, contigo, codo a codo en cada cosa que hacemos.

CHELITO   Es que no sé si esta es la vida que quiero llevar.

FEDERICO   ¿Y vamos a renunciar ahora? ¿Ahora? Que ya hemos llegado a puerto.

CHELITO   ¿A puerto? ¿Qué puerto? ¡Si no tenemos ni techo! Estamos solos porque el tunante de apoderado que tenemos se ha evaporado como el humo después de prometernos el oro y el moro.

FEDERICO   ¿Tú crees que yo no sé quién es ese tipo? ¿Te crees que yo no tengo ojos?

CHELITO   No lo sé. Muchas veces parece que los tenías cerrados, o que preferías mirar para otro lado.

FEDERICO   He mirado por los dos. ¡Siempre! Es un golfo, pero lo necesitábamos, al menos hasta hoy. Hemos hecho más de cien funciones...

(CHELITO *interrumpe.*)

CHELITO   ¡Algo bueno habremos hecho nosotros!

FEDERICO   Nosotros solo habíamos actuado en la plaza del pueblo. ¿Es un sinvergüenza? ¡Sí! ¿Un vivo? ¡También! Pero sin él no hubiéramos ido ni a la vuelta de la esquina. Hemos llegado a Madrid con seis mil duros en el bolsillo, piénsalo ¿De qué hubiéramos conseguido nosotros ese capital?

CHELITO   ¿Hasta dónde estás dispuesto a llegar Federico?

FEDERICO   ¿Eh?

CHELITO   ¿Hasta dónde estás dispuesto a llegar para seguir con todo esto?

FEDERICO   ¿Con todo esto? No te entiendo. Recuerdas en el puesto la cantidad de veces que fantaseabas «con todo esto». Con Lita Montes, con Carmen Barrios, con Teresita Fuertes... Con la vida que llevaban, con poder actuar en teatros.

CHELITO   Nos hemos llevado tres años para poder pisar un teatro, y estas que tú me nombras salen en la radio y hacen películas.

FEDERICO   ¿Y a qué hemos venido aquí,? Estamos en el lugar exacto para hacer camino. Para seguir soñando.

CHELITO   ¡Yo quiero ser madre, Federico!

FEDERICO   Y yo también quiero...

CHELITO   ¡No! Tú quieres ser lo que eres. Estás feliz así, como estás, y todo los demás es secundario.

FEDERICO   No ha habido momento.

CHELITO   ¿Y cuándo es el momento?

FEDERICO   Haciendo una *tournée* no lo era, desde luego.

CHELITO   Y cuando no es la *tournée*, es el hambre y la falta de pan. ¿Y ahora qué será? ¿El nuevo contrato? ¿Las funciones a diario?

FEDERICO   Hay que esperar al momento adecuado. Ahora mismo no lo es, es una cuestión de prioridades.

CHELITO   ¿De prioridades? Y tanto que es una cuestión de prioridades. La mía está clara, y la tuya también para mi desgracia.

FEDERICO   No Chelo, es cosa de sentido común. ¿Te parece sensato quedarte embarazada recién llegados aquí? ¿Te parece buena idea? ¿No será mejor esperar a estar un poco más asentados, que podamos tomar la decisión de otra manera?

CHELITO   ¡Excusas! ¡Para mí eso son excusas de peregrino!

FEDERICO   Lo que tú digas.

CHELITO   Palabrería no te falta, Federico. Tienes un pico de oro. Pero hechos... Eso ya es otra cosa.

FEDERICO   ¿Qué queja tienes tú de mí, Chelo? ¿No estoy empeñado en que nos vayan bien las cosas? ¿En que no te falte de nada? Hago todo lo que puedo para que tengamos una vida mejor y que seamos felices.

CHELITO   Federico...

FEDERICO   Yo no tengo tu talento. ¿Cuántas horas le dedico yo a los números? ¿A ensayar? ¿Cuántas?...

He tenido que aprender a mover un pie sin pedirle permiso al otro... Por no hablar de los duetos y de cantar contigo. Le pongo toda mi voluntad y parte de la otra.

CHELITO   Yo no tengo queja de eso. Ni media palabra que decir. Pero esto te ha absorbido la vida.

FEDERICO   ¡Coño, Chelito, porque tú lo tienes hecho! Lo llevas dentro. La primera vez que te vi en la feria... No te vi, te escuché, tuve que hacerme hueco a empujones para verte la cara. Tú sola atraías a la multitud. Vender pollos no vendiste ni uno, pero gentío... No había un puesto más concurrido en la feria.

CHELITO   Federico, recítame los poemas a mí, como hacías antes. No lo pongas todo fuera. No le pongas tanto empeño al escenario, que me lleva demasiada ventaja. Que vuelva el poeta arrocero que yo conocí, que a lo mejor era menos artista, pero era de quien yo me enamoré.

(Suena el teléfono de la habitación. FEDERICO *lo coge.)*

FEDERICO   ¿Diga?... ¡Faustino!... ¿Qué ha pasado? ¿Dónde estás?... ¡Llevamos todo el día llamándote! Sí, sí, de acuerdo, tomo nota... *(Busca papel y bolígrafo en su chaqueta.)* Dime... Don Arsenio Lozano Estruch... Avenida de José Antonio 47,

quinto piso, puerta 2... El empresario del teatro... Mañana a las once de la mañana... Él se
encarga del alojamiento... De acuerdo... Mañana mismo estamos ahí...

Oscuro.

Escena 10
El NO-DO

Escuchamos la sintonía del NO-DO y su boletín informativo con la mítica voz de su histórico locutor.

Voz   (*En off.*) Miles de personas, entre ellas conocidas figuras de la política y del toreo, se concentran en Madrid con motivo de la «Cruzada del Rosario», bajo el lema «La familia que reza unida, permanece unida».

Técnicos de Campsa y de las empresas norteamericanas Standard Oil y Texaco, hallan indicios de bolsas de petroleo y gas en la provincia de Burgos. El hallazgo provoca gran euforia en la población burgalesa de Valdeajos.

La industria turística se confirma como uno de los principales puntales de la economía española. Barcelona, recibe al turista once millones, una joven de nacionalidad inglesa.

Como colofón de un año triunfalista para el régimen, la selección española vence a la Unión Soviética en la final de la Eurocopa. El resultado se presenta como una victoria sobre el comunismo.

El teatro Albéniz de Madrid sigue acogiendo espectadores formando largas colas en el

centro de la capital. Los artistas Federico Alcañiz y Chelito Gallardo son los protagonistas del
espectáculo revelación de la temporada. Bajo
el padrinaje de don Arsenio Lozano, el espectáculo de variedades «Con Chelito y Federico
pasa un rato divertido...» se ha convertido en
la auténtica sensación de la escena madrileña...
Ahí ven a los artistas, recibiendo la ovación de
los presentes entre flashes y aplausos.

(Empieza a sonar un tema de music hall, CHE-
LITO *y* FEDERICO *salen y cantan y bailan la pieza de su nuevo repertorio. Termina el número,
hay un cambio de luz, la pareja está en una
emisora de radio.)*

CHELITO   Meternos ahora en la radio... Hay que tener
valor...

FEDERICO   Chelito es una oportunidad, ya oíste a Don
Arsenio.

CHELITO   Todo es una oportunidad, y tú las quieres todas.

VOZ   *(En off.)* La sociedad española de radio di-
fusión, a través de su gran cadena de emiso-
ras propias y asociadas, presenta la campaña...
«Adopte usted a un niñito». Pero antes, unos
consejos publicitarios...

(Música entradilla. CHELITO *y* FEDERICO *locutan.)*

FEDERICO   Si quiere usted ser una mamá ye-ye, cómpre-se el carrito «Maribel».

CHELITO   Un cochecito de nivel.

FEDERICO   ¡Para Isabel y para Manuel!

CHELITO   Con el carrito «Maribel»...

FEDERICO   Aunque sea una mamá nobel.

CHELITO   Será la envidia del «vecindel».

FEDERICO   ¿Del vecindel?

FEDERICO
/CHELITO   ¡Carritos Maribel!... ¡Menudo nivel!

(Música cierre pieza publicitaria.)

VOZ   (*En off. Cola.*) En España, cerca de catorce mil niños al año son abandonados y donados al hospicio. La inclusa hace un llamamiento a todos aquellos padres que están deseosos de emprender una familia. «Adopte usted a un niñito». Y llene su hogar de felicidad y de armonía cristiana.

(Mientras el audio se va alejando los personajes salen de la emisora.)

CHELITO   ¡Vaya ironía! Una queriendo ser madre y no hay manera, y me vengo a la radio a anunciar carritos... Hay que ser infeliz...

FEDERICO   Mujer, tampoco es eso...

CHELITO   ¡Menuda campañita has elegido Federico!

FEDERICO   Ni que lo haya escrito yo, nos lo ofreció Don Arsenio.

CHELITO   Pues bendita casualidad... Ni hecho aposta. ¿Tú sabías de qué iba el asunto?

FEDERICO   Yo creía que era de biberones... Y al llegar aquí, me entero de que es de carritos, qué más da...

CHELITO   Si quiere ser una mamá ye-ye, compresé el carrito «Maribel». ¡Tiene guasa la cosa...!

FEDERICO   ¿Y qué íbamos a hacer? Ya nos negamos la semana pasada a hacer la campaña de sardinas del Cantábrico.

CHELITO   Me negué yo. Tú estabas dispuesto. Haciendo tres funciones al día, solo me faltaba a mí eso, salir del teatro y meterme en la radio. Una y no más.

FEDERICO   Me acaban de chivar que la de la semana que viene es de jabones de glicerina.

CHELITO   Pues vienes tú a anunciar jabón que yo soy muy limpia.

FEDERICO   Bueno, ya lo hablaremos. ¿Pasamos por Casa Círíaco y picamos algo?

CHELITO   Yo me voy a casa, que estoy molida... ¡Taxi!

(CHELITO para un taxi y entra dentro del vehículo, él la observa y luego se desvía. Vemos que toman rumbos distintos. No vuelven a casa juntos.)

Oscuro.

Escena 11
Pase de luces

CHELITO *está en el escenario haciendo pruebas técnicas para el nuevo espectáculo. Habla con el técnico del teatro que está en la cabina de luces, en la parte superior.*

CHELITO *(Canta y se prueba la voz.)* ¿Cómo lo oyes, Manolo? ¿Se escucha bien?... ¡Ea, perfecto!... *(Aparece don Arsenio.)* Hola, don Arsenio... No, Federico todavía no ha llegado... Estará al caer, hoy se ha retrasado un poco... No se preocupe que yo con Manolo de momento me voy apañando... Vamos directamente a las escenas en las que estoy yo sola y adelantamos...

(Entra FEDERICO.*)*

FEDERICO Buenas tardes.

CHELITO Tardes son, sí. ¿Dónde estabas?

FEDERICO El tranvía, se ha quedado parado en la calle Toledo y he tenido que subir andando.

CHELITO *(En tono bajo.)* Llegas una hora tarde, don Arsenio ha bajado dos veces a preguntar por ti.

FEDERICO   Chelo estrenamos mañana, tenemos tiempo.

CHELITO   ¿Qué estás diciendo? A las ocho empieza otra función y a Manolo lo tenemos hasta las siete, céntrate. Ah, hay cambios, el poema se elimina, vamos directamente a mis «alegrías»...

FEDERICO   ¿Cómo que se elimina?

CHELITO   Dice don Arsenio que ya está bien de Miguel Hernández...

FEDERICO   ¿Por qué? ¿Por qué me lo quita?

CHELITO   No lo sé Federico, dice que no quiere poesía subversiva...

FEDERICO   ¿Subversiva? ¿Y el truco de la moneda? ¿También es subversivo?

CHELITO   El truco de la moneda ya lo conocen hasta en la China.

FEDERICO   Es uno de nuestros éxitos.

CHELITO   Es un estreno, Federico, repertorio nuevo...

FEDERICO   ¿Repertorio nuevo?... No hago el truco, me quita el monólogo de «El señor ilusión», ahora el poema... ¿Qué quiere este hombre? ¿Qué te toque las palmas?

CHELITO   ¿Por qué no lo hablas con él?

FEDERICO   Coño, es que esto ya no son «varietés», esto es una canción tras otra...

CHELITO   ¿Te crees que a mí me gusta?... Voy a acabar *desgañitá.*

(FEDERICO *se dirige a la cabina de luces.*)

FEDERICO   ¡Don Arsenio!... ¿Manolo está por ahí don Arsenio?... Avísale por favor... Don Arsenio, buenas tardes... Acaba de decirme Che... (*Lo interrumpe.*) Sí, disculpe por el retraso... Ha sido el tranvía que... Disculpe, tiene razón. Le decía, que me ha comentado Chelito que ha eliminado el poema de «Vientos del puebl...». No, no, no es esa mi intención... Yo no quiero que le cierren el teatro don Arsenio... Ya, pero... es que solo salgo en dos números y si encima... No, yo no le cuestiono... Pero nosotros hacemos *varietés...* Lo que le quiero decir es que esto se está convirtiendo en un espectáculo de cante y... Yo no dudo que usted sepa lo que quiere el público... Ya... Sí... Soy consciente de que usted es un gran empresario teatral... Pero... Ya, pero...

CHELITO   (*Por lo bajo.*) ¡Federico, cállate! (*Conciliadora con don Arsenio.*) Si Manolo se va en una hora no se preocupe que seguimos con las luces... (*A* FEDERICO *en bajo.*) Luego lo hablamos.

FEDERICO   (*A* CHELITO.) ¡Que baje él a poner las luces con su madre!

CHELITO ¡Federico, por favor! (FEDERICO *ha sacado la petaca del bolsillo y da un buen lingotazo.*) Ya ni te escondes para hacerlo en el camerino. Ya no te importa hacerlo en cualquier sitio.

(FEDERICO *vuelve a guardar la petaca. Se aleja del centro del escenario, desde una esquina del proscenio rompe la cuarta pared.*)

FEDERICO Este fue el principio del fin de Chelito y Federico. El dúo se fue agotando y la pareja... La pareja ya venía maltrecha de tiempo atrás. Dejé de interesar, si es que alguna vez lo había hecho... Como decía don Arsenio, «aquí el tirón lo tiene la folclórica». Me fue apartando como a un bulto hasta ser una mera comparsa. Él me lo vendía como que yo iba a ser un excelente maestro de ceremonias y bla, bla, bla... Pero la verdad, es que yo salía al escenario a bailar dos mamarrachadas y a dar paso a Chelo y poco más. Cada vez hacía menos. Empecé a dejar de tomármelo en serio, a dejar de tenerle respeto, empecé a salir al escenario como si fuera al bar de la esquina. Salía borracho casi todas las noches, los fines de semana en la cuarta función ya me costaba llegar del camerino al escenario. Estaba más pendiente del transistor y del Valencia que de la función. Cuántas veces me quedé dormido y tenían que venir a buscarme para que saliera a toda prisa, para que Chelo pudiera cambiarse de ropa entre canción y canción. Esa época la recuerdo como una de las más tristes de

mi vida. Llegué a echar de menos los arrozales. Don Arsenio a los dos meses de estrenar
dejó de dirigirme la palabra, ni nos mirába-
mos. Si no me echó a la calle fue por Chelo,
aunque jugó muy bien sus cartas. Sabía que yo
no estaba bien y lo aprovechó. Teníamos un
contrato con todas las de perder, si lo rompía-
mos la compensatoria a pagarle no la hubiéramos reunido en tres vidas. Yo a través de Chelo le pedí que llegáramos a un acuerdo, pero se
negó en rotundo. Disfrutaba viéndonos discu-
tir, viéndome tragar quina... Hasta que un día
no lo pude remediar... (*Mediante flashback* FE-
DERICO *y* CHELITO *reviven aquella función.* FE-
DERICO *hace la introducción de «A la lima y al
limón».*)

La vecinita de enfrente, no, no...
Nunca pierde la esperanza
Y espera de noche y día, sí, sí...
Aquel amor que no pasa.
¡A la lima y al limón!...

(*Sale* CHELITO *y arranca la canción. Después del
primer estribillo* FEDERICO *corta la canción. Gri-
ta desaforado desde el patio de butacas, está buscando a Don Arsenio.*) ¡Arsenio! ¡Don Arsenio!... Sí, usted, usted... No se esconda... ¡Dé
la cara, golfo!... ¡Usted! Dé la cara, ilustrísi-
mo señor... empresario infalible... ¡Patrón de
patrones!... Esta subversión es para usted, se
la dedico.

Vientos del pueblo me llevan,
vientos del pueblo me arrastran,
me esparcen el corazón
y me aventan la garganta.

¿Madre?... Madre yo no quería irme de casa,
yo no quería tener mi tierra... ¿Chelito? ¿ Dónde estás? ¿Qué soy? ¿Tu perro?... ¿Tú masco-
ta?... Ya no somos un dúo divertido ¿Qué
soy?... Lánzame un hueso... ¡Faustino hijo de
perra! Tenía que haberte matado con mis propias manos... Chelito perdóname, perdóname...

¿Quién habló de echar un yugo
sobre el cuello de esta raza?
¿Quién ha puesto al huracán
jamás ni yugos ni trabas,
ni quien al rayo detuvo
prisionero en una jaula?

¡Tomás!...¿On estàs amic?... No t'amagues
Mare, on està el pare? Di-li que no plore que
algún día tornaré a casa. Jo tinc que tornar a
casa... ¿Y mis gallinas? Don Francisco estoy
en ello...

Crepúsculo de los bueyes
está despuntando el alba.

Cuello, punta y alón... El entresijo se lo separo... Las patas aparte... Aquí se le fía Josefina, usted ya lo sabe... ¡Cheloooooo! ¡Chi-
quetaaaaaaa!!!!!

Si me muero, que me muera
con la cabeza muy alta.
Muerto y veinte veces muerto,
la boca contra la grama,
tendré apretados los dientes
y decidida la barba.

Yo soy de la Albufera, Don Arsenio, y...

Cantando espero a la muerte,
que hay ruiseñores que cantan
encima de los fusiles
y en medio de las batallas.

(Silencio. FEDERICO *que estaba de rodillas en los últimos versos cae desplomado. El patio de butacas está mudo.)*

Oscuro.

Escena 12
Adios, *chiqueta*

> FEDERICO *está tirado en el suelo de su casa, justo en la posición donde se había quedado en la escena anterior. Dormita la borrachera de la función de anoche. Entra* CHELO, *ve el panorama y abre las persianas del salón, la luz exterior entra en la casa.* FEDERICO *reacciona y acusa.*

FEDERICO   Perdóname, Chelo..., perdóname.

CHELITO   Como era de esperar, no quiere volver a verte. Te van a sustituir.

FEDERICO   ...

CHELITO   En cuatro semanas bajamos cartel y se acaba el espectáculo.

FEDERICO   ¿Cuatro semanas? ¿Solo?

CHELITO   Sí

FEDERICO   ¡Pero eso ya está ahí!... ¿Y acabamos con él?

CHELITO   *(Lo frena con un gesto.)* Me ha ofrecido un contrato para hacer cine.

FEDERICO   ¿Qué?

CHELITO   En la reunión estaba su socio, el dueño de
           Cifesa.

FEDERICO   ¿Luis Casanova? ¿El presidente del Valencia?

CHELITO   Ese. Me ofrecen un contrato de cinco pelícu-
           las, como protagonista.

FEDERICO   ¿Cinco? ¡Es una maravilla!

CHELITO   La primera se rueda en México, la segunda en
           Buenos Aires y las otras tres aquí, en España.
           Estaría fuera de casa entre dieciséis y diecio-
           cho meses.

FEDERICO   ¿Yo también? ¿Habría posibilidad de...?

CHELITO   ¡Federico! Don Arsenio se niega en rotundo
           a que tú participes en cualquier producción
           suya, ha sido tajante en eso.

FEDERICO   ¿Y el otro? ¿Luis Casanova sabe que soy de
           Sueca? ¿Se lo has dicho? ¿Y que soy muy del
           Valencia?

CHELITO   Federico, por favor... Lo sabe todo, y no se va a
           oponer a lo que le diga su socio. Don Arsenio
           ha sido claro. Rompe nuestro contrato anterior
           con la condición de que yo me desvincule artís-
           ticamente de ti y a partir de ahora vaya en soli-
           tario. Es un contrato de siete años de duración.

FEDERICO   ¿Siete? Pero... ¿Cómo puede hacernos eso?

CHELITO   ...

FEDERICO   ¿Cómo puede pedirte eso? Ese tipo es un mal nacido.

CHELITO   ¿Te sorprende con todo lo que llevamos en lo alto?

FEDERICO   ¿Y qué vamos hacer ahora?

CHELITO   No lo sé.

FEDERICO   Yo nunca he hecho nada sin ti.

CHELITO   Ni yo tampoco, Federico.

(*Ambos se quedan en silencio.*)

FEDERICO   Entiendo que es una oportunidad para ti... Yo...

CHELITO   Tú aquí lo vas a tener en chino para trabajar. Lo que ha pasado con don Arsenio va a correr como la pólvora. Se va a encargar de que pagues la afrenta que le has hecho.

FEDERICO   Esta mañana me han cancelado la sesión de radio del viernes.

CHELITO   Ya lo sé.

FEDERICO   ...

CHELITO   Me ha llamado Luis Durán a primera hora mientras tú dormías «la mona». Que lo siente mucho, pero que ha recibido órdenes de arriba. Que yo tengo las puertas abiertas pero que contigo ahora mismo no van a contar.

FEDERICO   ¿Pero por qué me hacen esto? ¿A quién le he hecho yo tanto daño?

CHELITO   ...

FEDERICO   Estoy hasta las narices de todo esto. Harto de esta farsa.

CHELITO   Te lo dije.

FEDERICO   ...

CHELITO   Te avisé. Después de todo lo que vivimos con Faustino, te lo dejé muy clarito. Era momento de recoger hilo. Pero el artista quería más, quería triunfar en la capital.

FEDERICO   ¡Joder, Chelo! Quería intentarlo.

CHELITO   ¡Ea, y así lo hemos hecho! Seis años en cartel en el Albéniz. ¿Te parece poco? Hemos puesto voz a más de cuarenta anuncios de radio. Solo nos ha faltado anunciar una nevera en televisión.

FEDERICO   …

CHELITO   ¿Estamos mejor que antes? ¿Eres más feliz?

FEDERICO   Yo... Nunca te lo he dicho, pero en el último año me he acordado mucho del pueblo. He llegado a extrañar la siembra, el olor de los arrozales...

CHELITO   ¿Extrañas El Puntal?

FEDERICO   No, no, lo que echo de menos es el pueblo, Montellano. La vida que allí teníamos. Yo... Chelito... Me gustaría recuperar aquello, nuestra vida allí. Me gustaría que volviéramos a casa.

CHELITO   ¿A casa?

FEDERICO   Sí, tenías razón. Bien está lo que bien acaba. Volver a casa..., ponernos de nuevo al frente del puesto, a criar y a vender pollos.

CHELITO   No, Federico.

FEDERICO   …

CHELITO   ¿Ahora? ¿Ahora quieres volver a casa? Tarde. Muy tarde. He estado años esperando esta decisión por tu parte, y no llegó, a pesar de todos mis intentos. Yo ya renuncié. Renuncié a la vida que tuvimos. Renuncié a ser madre, a tener familia. Renuncié a la vida que yo quería. El trabajo ha sido siempre lo primero para ti, al menos desde que somos cómicos. Y yo he aprendido a hacer lo mismo, a aferrarme a ello. Hubo momentos en que me sentí un poco culpable por no tener la misma pasión que tú, por no implicarme tanto. Ahora yo también vivo por y para ello. Aprendí a hacerlo. ¿Volver ahora al pueblo? Imposible. Voy a firmar un contrato como actriz de cine y voy a ser cabeza de cartel. Lo hemos peleado mucho, ¿no? Es una lástima que solo uno pueda disfrutarlo. Los dos sabíamos que esto podía pasar. El dúo ha llegado hasta donde hemos podido, hasta donde nos han dejado. ¿Y la pareja?... La pareja quedó en segundo plano hace mucho... ¿O no, Federico?

Oscuro.

Escena 13
Epílogo

> *Durante el oscuro de la escena anterior, escuchamos la megafonía de un aeropuerto anunciar la inminente salida de un vuelo con destino a Ciudad de México.*

Voz   (*En off.*) Pasajeros con destino a Ciudad de México, último aviso de embarque. Diríjanse a la puerta 7.

> *(Sonido de un avión despegando. Cambio de ambiente. Aparece* FEDERICO, *viste ropa vieja, no está hecho un pordiosero, pero vemos a un mendigo. Se dirige al público.)*

FEDERICO   Dos meses duré en Ciudad de México. Aunque mi percepción del tiempo fue mucho más larga. Me despertaba sin nada que hacer y me acostaba sin haberlo hecho. Chelito al día siguiente de llegar empezó con los preparativos de su película, salía temprano del hotel y volvía al anochecer. ¿Qué hacía yo mientras tanto? Dar vueltas sin rumbo, caminar hasta conocer todo el distrito centro como la palma de mi mano. ¿Y qué otra cosa hice?

Beber. Beber a ritmo de rancheras, una tras otra. No tardé mucho en encontrar un par de cantinas en las que me recibían con honores. Era exótico tener allí a un español que invitaba con facilidad. Y así fueron pasando los días, las semanas, los meses... Rodeado de desconocidos, de falsos amigos, de noches en vela, de una multitudinaria soledad. Cuando me agoté de ahogar mis penas con extraños, me volví. Una simple mirada nos bastó a Chelito y a mí para despedirnos. Estaba todo dicho. Regresé a España, y las cosas... Las cosas, no fueron del todo bien. Pero bueno, esa... esa es una historia muy larga.

(FEDERICO *saca unos cartones, se hace un pequeño refugio con ellos y se guarece debajo de una manta. Sintoniza su pequeño transistor.*)

VOZ   (*En off.*) Con todos ustedes, tras su último éxito cinematográfico y recién llegada del teatro Olympia de París... Chelito Gallardo presenta en directo desde los estudios de Prado del Rey, su último lanzamiento... (*En ese momento visualizamos dos espacios.* FEDERICO *en su refugio de cartones escucha a través de la radio en un fondo del escenario.* CHELITO *frente a un tocador con flores se prepara para salir.*) Un fuerte aplauso para Chelito Gallardo.

(CHELITO, *ocupa el centro del escenario. Canta una canción de su nuevo repertorio. Al finalizar,*

Federico *apaga su transistor y se hace oscuro en su espacio, momentos después se hace oscuro sobre* Chelito.*)*

Fin.

Esta primera edición de *Un viaje sin retorno*,
de Alex Gadea, terminó de imprimirse
en octubre de dos mil veinticinco,
en Madrid.